28

La Vie

La comprendre et l'assumer

Données de catalogage avant publication (Canada)

Roche de Coppens, Peter

    La vie: la comprendre et l'assumer

    (Les fleurs de la vie; 1)

    ISBN 2-89436-056-8

    1. Vie - Philosophie. 2. Morale pratique. 3. Destin et fatalisme. 4. Mort. I. Titre. II. Collection: Fleurs de la vie; 1.

BD431.R54 2001   113'.8   C2001-940658-4

Mise au point du texte:

    Clémence Rondeau

Infographie:

    Caron & Gosselin

Mise en pages:

    Composition Monika, Québec

Éditeur:

    Éditions Le Dauphin Blanc
    C.P. 55, Loretteville, Qc, G2B 3W6
    Tél.: (418) 845-4045 – Fax: (418) 845-1933
    E-mail: dauphin@mediom.qc.ca

ISBN 2-89436-056-8

Dépôt légal:

    2e trimestre 2001
    Bibliothèque nationale du Québec
    Bibliothèque nationale du Canada

Peter Roche de Coppens, Ph. D.

La Vie

La comprendre et l'assumer

Collection
LES FLEURS DE LA VIE

VOLUME I

Le Dauphin Blanc

Du même auteur:

Aux Éditions de l'Aigle:

Comment rester sain dans un monde malade, 1998.

Les Vitamines d'amour: Nourriture énergétique,
     1998.

Aux Éditions Louise Courteau:

L'Alternance instinctive, 1993.

La Voie initiatique de l'An 2000, 1994.

Table des matières

Avant-propos

*D*epuis deux à trois décennies, mais surtout aujourd'hui, nous vivons une époque très spéciale qui se révèle être une période cruciale dans l'histoire, même si chacune est indispensable et unique. Notre temps présent est vraiment particulier parce qu'il est le témoin de profondes transformations et de nombreux paradoxes, autant en qualité qu'en quantité. En fait aujourd'hui, c'est le meilleur et c'est le pire qui sont simultanément au rendez-vous, c'est le paradis et l'enfer qui se croisent, qui deviennent, à une vitesse accélérée, de plus en plus tangibles, réels et présents chez un nombre croissant de personnes.

D'une part, nous assistons à de fabuleuses découvertes et entrevoyons d'incroyables possibilités de développement dans tous les secteurs de la vie humaine. Les connaissances et les informations, jadis réservées à une élite, sont aujourd'hui disponibles à tous ceux qui sont curieux et vraiment intéressés. Les perspectives nouvelles et les possibilités d'acquérir plus de connaissances et de maîtrise de soi, d'atteindre une véritable intégration personnelle sont maintenant accessibles, autant au niveau physique qu'humain et spirituel, à un plus grand nombre d'adeptes. Par conséquent, ces progrès laissent présager le développement de nouvelles valeurs, priorités, cultures et civilisations qui annoncent un style de vie nouveau. Il est alors admissible d'envisager que beaucoup plus de personnes seront en mesure de résoudre l'énigme du Sphinx c'est-à-dire de donner une réponse adéquate à: *Qui suis-je?* (problème d'identité), *d'où je viens?* (problème de l'origine), *où je vais?* (problème du destin) et *que suis-je venu faire en ce monde?*

(problème de la vocation ou du devoir). Le cas échéant, l'humanité pourra enfin tenir sa fantastique promesse: se réaliser consciemment et bénéficier d'une vie plus consciente, saine, productive et joyeuse!

D'autre part, nous assistons à des événements horribles et inimaginables. La violence augmente partout et fait des ravages à l'échelle de la planète, que ce soit au niveau micro de la famille ou au niveau macro de la société. Même si nous avons identifié les causes et découvert des remèdes pour juguler de traditionnelles maladies épidémiques, sans cesse de nouvelles apparaissent devant lesquelles la science et la médecine se montrent impuissantes à expliquer et à guérir. Au niveau individuel, de plus en plus de personnes de toutes races, religions et niveaux sociaux souffrent de dépressions, se démoralisent et deviennent confuses, renoncent à leurs responsabilités individuelles par un *burn-out* ou dans une confusion psychophysique totale. Les statistiques parlent, malheureusement ici, de façon claire et objective: jamais il n'y eut autant de suicides, de psychopathologies, d'incarcérations, de dépressions ou de fatigues chroniques.

De plus en plus de chercheurs, d'écrivains, d'éducateurs, de philosophes et de mystiques, de même que des personnes ordinaires éclairées sonnent l'alarme et donnent, chacun à leur façon, un avertissement clair et sérieux. Entres autres, Pitirim Sorokin, le grand sociologue de l'université de Harvard, affirmait: «Actuellement, à la fin de ce siècle, la Vie et l'évolution proposent aux êtres humains un choix très simple: ou accéder à un niveau supérieur de conscience, d'être et de vie ... ou s'autodétruire». Roberto Assagioli, le fondateur de la Psychosynthèse, aimait répéter: «En bas, (dans les niveaux inférieurs de conscience), il n'y a plus de solutions alors qu'en Haut, (dans les niveaux supérieurs de conscience), il n'y a pas de problèmes». Arnold Toynbee, le réputé historien anglais, disait: «Le plus grand défi et la nouvelle frontière de l'avenir ne seront plus au niveau physique mais au niveau spirituel». Plus succinctement et d'une façon très simple, cet avertissement a été repris par André Malraux dans les termes suivants: «Le 21e siècle sera spirituel... ou ne sera pas!».

   Dans la situation actuelle où la majorité des institutions sociales s'écroulent ou expérimentent douloureusement d'importantes transformations, la plupart des gens se sentent confus, perdus et cherchent désespérément des réponses valables et significatives. Face à cette angoisse justifiée, le développement d'une philosophie et d'un art de vivre devient une nécessité rationnelle et psychologique afin de remplir le vide créé par la religion que n'ont pu combler la science, l'éducation ou la psychothérapie! Voilà la raison fondamentale qui m'a incité à vous proposer cette nouvelle série: *Les Fleurs de la Vie*. Il s'agit d'une philosophie et d'un art de vivre qui se veulent personnels et significatifs et qui peuvent répondre à ce grand défi de vivre d'une façon plus consciente, plus productive et plus joyeuse.

   Au départ, la Vie, du fait même qu'elle existe, vaut déjà vraiment *la peine* lorsque comprise et vécue d'une façon juste et objective; nous n'avons donc pas à la rendre telle! Cependant, nous avons à nous préparer

et à travailler pour pouvoir, personnellement, prendre conscience de cette vérité.
En d'autres mots, le travail essentiel qui
nous attend tous, au niveau conscient autant qu'inconscient, est celui d'affiner notre
perception de la réalité, d'élever notre niveau de conscience et d'être pour devenir
capables de faire face à toute situation,
quelle qu'elle soit, que la vie et notre destin
nous proposent.

Il est important aussi de se rappeler
que toute expérience, épreuve, douleur
physique ou morale qui affectent un autre
être humain peuvent devenir les nôtres, et
même plus, car nous ignorons encore les limites de la capacité humaine! Bâtir notre
force intérieure est indiscutablement la
plus grande conquête que nous puissions
réussir sur la terre! Mais, est-ce **vraiment**
possible? Peut-on **réellement** y parvenir?
Je suis personnellement convaincu que
cette éventualité est réalisable et c'est pourquoi je vous offre cette série de fascicules
afin d'établir avec vous les bases de ce
Grand Œuvre!

Un proverbe romain, d'une très grande
sagesse, nous dit: *Nihil humanum alienum a*

me puto (rien de ce qui est humain ne m'est étranger), c'est-à-dire que rien de ce que je peux vivre, subir et éprouver dans ce monde ne peut m'étonner. En fait, il s'agit de ne plus avoir peur de ce que nous n'avons pas encore expérimenté, de cesser de se blâmer soi-même ou d'accuser les autres des événements que chacun a à vivre ou à assumer.

Or, la Vie est incroyablement riche, diversifiée, complexe et vaut *la peine* (pour ceux qui la perçoivent et la vivent du point de vue spirituel). Mais la Vie n'est pas toujours (au fait, rarement) confortable et plaisante. Pour la majorité des gens, la plupart du temps, elle est même pénible, difficile et injuste! En outre, plus nous évoluons, plus nous nous développons nous-mêmes, plus nous contrôlons le monde, paradoxalement, plus la Vie semble devenir exigeante et implacable! Le véritable point, l'aspect essentiel n'est pas d'envisager la Vie comme plaisante ou chagrine, comme aisée ou laborieuse, comme réconfortante ou tourmentée, mais de s'assurer qu'elle a une signification, une valeur et un but pour nous qui avons à la vivre et à traverser ses tumultes et ses obstacles.

Rappelons-nous certaines généralités: ce proverbe espagnol qui dit: *no ay mal che por bien no venga* (aucun mal n'arrive seulement que pour nuire); ensuite, cette histoire du verre d'eau à moitié plein et à moitié vide connue de tous; aussi le fait que dans chaque situation humaine, il y a du bien et du mal et la liberté que nous avons d'en envisager les avantages ou les inconvénients. Toutes ces considérations entraînent de sérieuses conséquences pour nous et pour les autres. Que dire finalement de ce paradoxe où les Sages et les Saints ne se plaignent jamais et remercient Dieu de ce qu'ils vivent, fut-ce la plus douloureuse et la plus injuste expérience! Comment est-ce possible? Certaines gens peuvent les qualifier de fous ou de masochistes car, selon leur point de vue humain, une telle attitude est effectivement de la folie!

Selon moi, l'explication se trouve dans le fait que les êtres humains sont comme des abeilles: ils peuvent (lorsque certains pré-requis sont présents) percevoir, sélectionner et cueillir le *meilleur* de toute situation ou expérience humaine. N'oublions pas que la signature d'une sagesse et d'une spiritualité authentiques est la joie de vivre: l'appréciation et la gratitude profonde envers **tout** ce que la Vie ou la condition humaine peut procurer à un être humain!

Quels sont donc ces pré-requis, véritables clefs qui actualisent cet état de grâce dans lequel une personne peut affirmer *nihil humanum alienum a me puto*: transformer les peurs, les anxiétés et les frustrations inhérentes à l'existence humaine et dire un grand «OUI» à la Vie? Voilà le contenu de cette nouvelle série que je vous propose en toute simplicité et en toute confiance.

L'histoire nous apprend qu'au Moyen Âge, la terre représentait la richesse essentielle, le bien le plus précieux qu'une personne pouvait posséder, car quiconque possédait la terre contrôlait la société. C'est pourquoi l'élite ou l'aristocratie de l'époque était composée de gens qui possédaient les terres. Ensuite, vint l'ère moderne et ses transformations magistrales. Là, la richesse essentielle devint l'argent. Celui qui possédait l'argent contrôlait l'industrie et la société (voilà une des raisons pour lesquelles l'argent a pris une telle importance!). Aujourd'hui, en cette ère postmoderne ou de l'information, nous sommes, une fois de plus, face à une mutation phénoménale : celle de notre conscience humaine et de la culture. Or, ici, la richesse essentielle, le trésor le plus précieux que nous puissions posséder n'est plus l'argent mais la conscience – la façon de percevoir, de définir et de réagir à ce que nous vivons.

Indiscutablement, l'avenir et le monde appartiennent à ceux qui peuvent comprendre, travailler avec leur conscience humaine, la transformer afin d'explorer de nouveaux sommets et d'atteindre des profondeurs encore inconnues. Déjà, nous réalisons que l'information devient de plus en plus importante et qu'elle est le véritable moteur qui a mis en marche la révolution des ordinateurs et de l'Internet. L'information réelle, valable et authentique devient prioritaire et supplante la recherche de l'argent. Cette révolution gigantesque est loin d'être terminée et complétée. Nous ressentons l'attraction de ces deux grandes forces, l'ancienne, l'argent et ses possessions, et la nouvelle, l'information et la conscience. Lorsque *l'âge de l'argent* sera révolu et que nous vivrons entièrement dans celui de l'information, deux réalités seront alors évidentes pour la majorité des gens:

– le *Summum Bonum*, le bien le plus important, le plus désiré sera la conscience spirituelle et l'harmonisation avec la volonté divine plutôt que la connaissance, le pouvoir, l'argent ou les biens matériels.

– l'élite sera celle de la richesse intérieure et psychospirituelle associée à une vie simple et modeste. À ce moment-là, les gens sauront que la véritable richesse ne peut jamais être extérieure et basée sur des possessions matérielles mais plutôt axée sur un niveau de conscience, de capacités et d'habilités intérieures.

Si une personne est en paix avec elle-même et avec le monde, si elle est satisfaite et comblée par sa vie intérieure, elle n'a pas besoin de luxe ou de possessions extérieures qui, de toutes façons, ne font que combler un vide intérieur conscient ou inconscient! C'est alors que cessera cette course effrénée de vouloir posséder toujours plus de biens que les autres, d'obtenir un statut social ou un pouvoir disproportionné. C'est à ce moment-là que la vraie justice et l'harmonie, la paix sur la terre pourront devenir non seulement désirables mais aussi réalisables!

Voilà donc les raisons principales pour lesquelles j'ai conçu et ai écrit cette nouvelle série de livres: élaborer et suggérer quelques éléments d'une philosophie et d'un art de vivre que vous, lecteur et lectrice, aurez à assembler, expérimenter, vivre et ... en retirer les avantages escomptés!

Introduction

Que sont la Vie et la Mort? Quelle relation existe-t-il entre elles? Pourquoi
nous incarnons-nous sur la terre? Quelle
est la façon la meilleure de vivre? Voilà des
questions fondamentales auxquelles nous
essaierons de répondre. Nous tâcherons
d'être clair, simple et le plus efficace possible en offrant un cadre théorique et un
cadre pratique. Le but de ce premier livre
est, à l'instar des autres de la série qui
suivra, toujours le même, exprimé de façons et sur des niveaux différents: vivre
d'une façon plus consciente, responsable,

autonome, productive, saine, morale et joyeuse.

Le matériel de base provient de trois conférences-ateliers que j'ai présentées aux États-Unis, au Canada, en France, en Italie et en Suisse. Elles offrent un cadre et une perspective cohérente et intégrée pour répondre à ces interrogations, lesquelles, de toutes les questions, sont indiscutablement les plus vitales. Il est évident que la réponse qui sera vivante pour chacun de vous ne pourra être que votre propre réponse, fruit de vos expériences personnelles. Cependant, les intuitions, les idées, les images et les exercices qui sont suggérés et élaborés ici devraient, d'une façon appréciable, vous aider et vous encourager, du moins tel est mon souhait!

Le premier chapitre présente la vie sur la terre comme une école, au fait une triple école: l'école de la conscience-connaissance (le centre psychospirituel de la tête), l'école de l'amour et de la sensibilité (le centre psychospirituel du cœur) et l'école de la volonté-expression de soi (les centres psychospirituels des épaules).

Voici la signification et les implications de cette image-analogie:

- si la vie sur terre est une école, tout comme les programmes et les examens scolaires, alors la vie et ses épreuves, loin de devenir facilitantes, augmentent leurs difficultés au fur et à mesure de nos apprentissages et de nos expériences. C'est justement lorsque nous vivons d'une manière adéquate et congruente – lorsque nous sommes promus – que les épreuves deviennent de plus en plus pointues, complexes et difficiles.

- si la vie sur terre est effectivement une école, alors tant que nous avons quelque chose à y apprendre (comprendre mieux, aimer plus et laisser une empreinte positive), alors la vie et ses épreuves, même les plus difficiles, acquièrent un sens, une signification et ont une valeur.

Le deuxième chapitre explore et analyse les trois facteurs les plus importants qui conditionnent et déterminent notre comportement: les possibilités que nous avons d'agir et de devenir, nos choix et les alternatives de base qui nous sont offertes. Nous serons ainsi amenés à expliquer le fonctionnement des polarités féminine et masculine et leurs relations qui gouvernent notre être, notre comportement et nos choix. Notre destin, étudié sous tous les angles par les cultures traditionnelles, est déterminé, en bonne partie, par nous-mêmes avant de nous incarner et dans un état de conscience autre que celui dans lequel nous fonctionnons actuellement.

Le destin détermine et gouverne la partie objective de notre vie: ce que nous avons à vivre dans le monde physique, extérieur, c'est-à-dire les événements les plus importants de notre vie. Il est peu probable que notre destin puisse changer car cela modifierait nécessairement ce que nous avons prévu réaliser et vivre dans ce monde! Il va donc de soi que si une personne s'est programmé des expériences évolutives, sa vie en sera plus difficile et complexe; elle rencontrera beaucoup d'épreuves et de difficultés dans un laps de temps toujours plus restreint. Ce serait un non-sens de se choisir un programme avec l'aide des Êtres spirituels pour ensuite le changer lorsque nous sommes appelés à le vivre! Un risque demeure cependant de refuser, une fois que nous nous sommes incarnés, le plan que notre âme s'est tracé, en adoptant une attitude rebelle devant les épreuves que nous avons sélectionnées antérieurement.

Le libre arbitre, sur lequel s'est penchée notre civilisation occidentale moderne, détermine et gouverne la dimension subjective de notre vie, c'est-à-dire notre niveau de conscience et notre façon d'envisager et de décoder les événements que nous vivons. À ce niveau, nous sommes toujours et entièrement libres d'accepter ou de refuser une certaine expérience, libres aussi de la percevoir et de la définir de la façon qui nous convient. Devant certaines situations que l'homme a prévues lui-même avant de s'incarner, sa véritable liberté ne consiste pas à accepter de les vivre ou non, mais sa liberté consiste à les vivre en y tirant les leçons prévues ou en refusant de faire les apprentissages qui leur sont inhérents.

La Grâce, quant à elle, est un facteur encore inconnu, incompris et inutilisé de nos jours. L'Inde, le Tibet et le Moyen Âge (ainsi que tous les grands Saints et Sages et les personnes spirituellement éveillées) se sont basées sur ce troisième facteur qui, cependant, doit être découvert, exploré et employé d'une façon rationnelle et synthétique.

La Grâce est cette énergie spirituelle qui se manifeste comme Lumière, Feu et Vie. Cette énergie est continuellement autour et avec nous, mais nous sommes encore incapables d'en prendre conscience et de la recevoir. Pour cela, il est nécessaire de transformer et d'élever notre niveau de conscience, de purifier et de consacrer notre vie. À partir du moment où nous devenons conscients de cette énergie et que nous la ressentons, il lui est alors possible d'imprégner notre corps énergétique, notre aura humaine et d'activer tous nos centres spirituels, chacun selon leurs attributs propres. Cette énergie respecte toutes les lois de la nature et de la science mais elle utilise des énergies et des lois encore inconnues de la

science actuelle. Ces lois et ces énergies supérieures produisent ce que nous appelons
des *miracles* (guérisons spectaculaires, con-
versions, matérialisations, etc.).

Lorsqu'une personne a acquis une
compréhension juste de ces trois facteurs
essentiels, elle peut alors vraiment savoir ce
qu'elle peut et ne peut faire, ajuster sa vie et
son être en conséquence et ainsi donner le
meilleur d'elle-même! À ce stade, elle peut
véritablement comprendre et vivre la fa-
meuse prière des alcooliques anonymes:
«Dieu, donne-moi la force de changer ce
que je peux changer, d'accepter ce que je ne
peux changer et la sagesse d'en faire la différence».

Le troisième chapitre traitera de la
mort que chacun, né en ce monde, ne
pourra tôt ou tard, d'une façon ou d'une
autre, éviter! Pour une grande majorité de
gens qui n'ont pas encore éveillé leur conscience spirituelle, la mort représente une
peur viscérale et l'angoisse la plus profonde
qu'ils peuvent éprouver. La mort peut cependant être considérée autant comme une
amie que comme une *ennemie*. Le but de ce

chapitre sera d'expliquer la nature, la dynamique et les conséquences de la mort, appréhendée d'un point de vue spirituel, afin qu'elle devienne notre amie.

La perspective spirituelle nous enseigne que ce n'est pas tellement de mourir qui est vraiment difficile mais de naître et de vivre dans ce monde! La mort peut être la meilleure amie qui soit lorsque la maladie ou qu'une situation extrême nous amène à la limite de nos forces. Savoir que tout cela finira bientôt peut donner la force de persévérer encore un temps, alors que sans elle, même la personne la plus forte et la plus courageuse pourrait se désespérer!

Le but essentiel de ce livre est de vous offrir une perspective ou un point de vue spirituel pour vous aider à mieux comprendre, à vivre d'une façon plus consciente et à profiter au maximum de ce grand Don si exigeant qu'est la Vie sur la terre.

Chapitre I

La vie comme triple école:
L'École de la Connaissance,
l'École de l'Amour
et l'École de la Volonté

> *Trouver un sens à sa vie et donner une*
> *signification à son vécu.*

*D*es questions primordiales pour tout être humain et qui révèlent sa quête fondamentale sont depuis toujours: *Qui suis-je? Qu'est-ce que la Vie? Que suis-je venu faire en ce monde?* Bien qu'intimement reliés, ces trois aspects sont distincts les uns des autres. Dans ce chapitre, je vous propose d'approfondir la deuxième interrogation: *Qu'est-ce que la Vie?* Les deux autres questions seront traitées d'une façon exhaustive lors de chapitres ultérieurs dans la série.

Depuis toujours, les humains ont essayé, de façons variées, d'apporter des réponses à ce questionnement. Quelques-uns se sont astreints à de longues études religieuses, philosophiques ou scientifiques qui ont donné naissance à des traités, des déclarations ou des équations mathématiques. D'autres ont préféré affronter la Vie elle-même en vivant, d'une façon consciente et intense, le plus d'expériences humaines possible et en laissant cette Vie se manifester et se dévoiler à l'intérieur de leur conscience. D'autres encore ont illustré par une ou plusieurs images la signification qu'ils donnaient à la Vie et ont symbolisé ainsi leur perception et la définition qu'ils en avaient, à ce moment de leur vie et de leur développement personnel.

Ces trois approches sont valables et enrichissantes à part égale; elles envisagent une même réalité sous des points de vue différents. La première est d'emblée l'approche *Gnostique*, la voie de la Connaissance, le travail du mental. La deuxième s'apparente à l'approche *Héroïque*, la voie des Épaules, le travail de la volonté, alors que la troisième est l'approche *Mystique*, la voie du Cœur, le travail de l'amour. Ensemble, elles représentent l'approche mentale, émotive et pratique d'une seule réalité; elles se complètent mutuellement mais restent dépendantes du niveau de développement et de la structure du caractère de chaque personne.

Les trois points suivants servent de base à ma vision de la nature humaine et à son expression dans le monde:

– La faculté fondamentale, qui se trouve au centre de tout être, est son cœur, sa capacité d'aimer.

– Une image vaut mille mots.

– L'image touche et nourrit non seulement la partie consciente mais aussi et surtout l'inconscient de tout être.

Je désire partager avec vous et vous présenter mes trois images de la Vie sur terre en les associant à certaines idées et principes, de même qu'à des exercices pratiques.

Ces trois images ont leurs racines dans l'analogie de la Vie perçue comme une triple École, c'est-à-dire:

- *L'École de la Raison:* La Vie perçue comme l'école de la connaissance, reliée au centre spirituel de la Tête et cherchant à comprendre intellectuellement nos sentiments et nos décisions.

- *L'École du Cœur:* La Vie perçue comme un «asile psychiatrique», reliée au centre spirituel du Cœur et à nos émotions.

- *L'École de la Volonté:* La Vie perçue comme un champ de bataille, reliée aux centres spirituels des Épaules et à l'expression de soi.

Évoquer ces images, les visualiser et les méditer entraînent des retombées conscientes et inconscientes très importantes pour notre santé, notre créativité et notre bonheur – pour notre perception et notre vécu concret. Ce sont ces images qui éclairent notre choix de vivre une vie difficile, opaque et sans signification ou de vivre une vie qui a un sens et une visée exaltante, où les difficultés sont envisagées comme des aventures, des tests et des opportunités de croissance personnelle et d'épanouissement spirituel.

À un très jeune âge, je me posais déjà de multiples questions; ma curiosité était toujours en éveil et je jonglais avec plusieurs images évocatoires. La toute première, surgie naturellement des profondeurs de mon être et confirmée par les premières expériences que j'ai faites était que: *La Vie sur la terre est un enfer!* qui implique une chute des états supérieurs de conscience et d'être à des états inférieurs, obscurs et douloureux.

Enfant, j'ai vécu pendant un certain temps (de l'âge de trois à six ans environ) **simultanément** dans deux mondes bien distincts et différents: le monde matériel et sensoriel de mon corps et le monde spirituel, visionnaire de mon âme. Pour des raisons inexplicables, je vivais encore des états supérieurs de conscience. Je me souviens que je voyageais d'un monde à l'autre en me demandant quelles pouvaient bien être leurs significations et leurs raisons d'être. C'est ainsi que j'ai vécu directement, dans mon être et dans ma conscience, autant le mythe de *la Chute* que celui du *péché originel* dont parlent toutes les religions. À ce moment dans ma vie, je ne doutais pas du tout que le paradis puisse exister et que nous arrivions de ce paradis car, dans des états supérieurs de conscience, je pouvais m'y mouvoir d'une façon expérientielle et directe. Par contre, je ne comprenais pas pourquoi j'avais perdu ce paradis en atterrissant dans cet organisme biologique du monde matériel obscur, dangereux et douloureux, meublé de confusions, de violences, de mensonges et où les souffrances étaient plus que nombreuses. J'en avais tout simplement conclu que j'avais dû commettre un péché terrible et que mon incarnation dans cet horrible monde inférieur servait d'expiation.

Avec le temps, cette première image s'estompa lentement pour laisser place à d'autres qui m'apportaient une vision et une conception différentes de la vie dans ce monde. Ce sont ces images que je voudrais maintenant partager et analyser avec vous, car elles peuvent expliquer et donner une signification à la vie. Elles nous incitent à accepter de vivre des événements, qu'autrement nous refuserions et qui pourraient même nous détruire. Elles peuvent vous apporter le même pouvoir d'illumination et d'explication qu'elles ont eu pour moi. Ces images sont celles de la Vie comme une triple École: l'École de la Raison, l'École du Cœur et l'École de la Volonté.

L'École de la Raison

Un des enseignements les plus simples et pourtant essentiels de la sociologie moderne est que notre comportement (ce que nous disons et faisons) est le résultat d'un triple processus psychologique intérieur: penser, sentir et vouloir. Lorsque les gens pensent, prennent une décision et agissent en conformité avec celle-ci, leur comportement est dit rationnel. Par contre, lorsqu'ils prennent une décision basée sur leurs impulsions ou sur leurs émotions, leur comportement est alors dit irrationnel.

Lorsque j'ai envisagé sérieusement de faire carrière comme professeur, écrivain et personnalité dans les médias, je me suis vite rendu compte que pour communiquer avec les autres et leur apporter une aide efficace en vue de leur développement personnel, je devais offrir des idées qui nourriraient leur mental, des images qui activeraient leur cœur et des exercices pratiques qui dynamiseraient leur volonté. De cette façon, la communication devient holistique et cause un réel impact sur le processus de transformation : les idées s'adressent et influencent la partie consciente de la conscience humaine et les images visent et impressionnent l'inconscient. C'est le sens de l'expression chinoise : «Une image vaut mille mots». Celle-ci touche directement le cœur de notre être et de notre conscience et devient une source intarissable d'inspirations, d'analogies et de correspondances.

La vision, l'image ou la conception que nous nous faisons du monde et de la réalité conditionnent, dans une très large mesure, nos vies quotidiennes. On reconnaît aujourd'hui aux paroles, aux symboles, aux archétypes, aux mythes et aux rituels un rôle et un impact très important sur notre conscience et notre comportement. Les traditions sacrées, l'aspect ésotérique de la religion ainsi que la *Philosophia Perennis* ont toujours conservé cet enseignement dans les arcanes fondamentaux de leur philosophie. Des pionniers modernes et des penseurs de tout premier rang tels Carl Jung, Roberto Assagioli, Mircea Eliade, Pitirim Sorokin, Erich Fromm et Joseph Campbell ont attiré notre attention sur ce principe, nous ont sensibilisés à son importance et l'ont réintroduit dans les sciences humaines modernes.

Depuis toujours, les enseignements ésotériques déclarent que c'est par des paroles et des images que toutes les puissances intérieures sont éveillées et réanimées. Carl Jung stipule même que la *machine* qui transforme la conscience humaine et les énergies vitales est mue par le symbole et par l'image. En d'autres mots, notre vision, image ou conception de la Vie joue un rôle de première importance au niveau de notre conscient et surtout de notre inconscient et détermine ainsi nos attitudes, notre comportement, notre santé, notre créativité, notre bonheur en ce monde.

Mes nombreuses études, recherches variées, expérimentations et mon vécu personnel m'ont amené à donner à la nature humaine une conception trinitaire, autant au niveau structurel que fonctionnel. Un être humain est, sans contredit, une *trinité vivante:* un corps (organisme biologique), une âme (psyché ou conscience humaine) et un esprit (Étincelle divine, Soi spirituel ou notre nature spirituelle). Cet être trinitaire s'exprime et se manifeste par la *trinité fonctionnelle:* la Tête (les pensées), le Cœur (les émotions) et les Épaules (les choix exprimés par les actions).

C'est de cette vision fondamentale de la personne comme *trinité vivante* qu'a résulté la triple image de l'homme, chacune étant directement reliée à un des centres de notre nature énergétique et invisible: Tête: pensées, Cœur: émotions, Épaules: volonté. Ces trois images qui symbolisent la Vie sur la terre s'expliquent ainsi:

• La terre est une école où nous sommes à la fois étudiants et enseignants. De plus, cette école a une triple expression ou manifestation: celle de la conscience et de la connaissance, celle de l'amour et de la sensibilité, celle de la volonté et de l'expression créatrice. Autrement dit, notre monde est une triple école où nous venons pour apprendre à mieux nous connaître et à mieux nous comprendre, à mieux cerner ce monde et la vie dans ce monde, où nous venons pour mieux aimer et mieux affiner notre sensibilité, finalement, où nous venons pour mieux nous exprimer et pour créer d'une façon toujours plus consciente et épanouie.

Poursuivons le développement de notre métaphore que la Vie est une école. Tout au long de nos apprentissages scolaires, au fur et à mesure que nous faisons des progrès, les notions à acquérir deviennent de plus en plus complexes! Certes, les examens soumis en troisième année sont plus élaborés que ceux de la première année. Mais lorsque nous avons appris nos leçons et que nous obtenons de bons résultats aux examens, nous recevons une promotion et nous passons au stade supérieur. Il est évident que la réussite des années scolaires précédentes laisse présager (toutes proportions gardées d'assiduité, de persévérance et d'efforts) la réussite de l'année en cours et que les contrôles correspondent au niveau où nous sommes rendus.

Il en est de même à l'école de la Vie. Avec la croissance et la maturité, les épreuves et les tentations deviennent de plus en plus subtiles et sophistiquées. Nous sommes tous venus en ce monde pour apprendre, pour évoluer, pour actualiser notre potentiel – pour devenir plus que ce que nous étions en y arrivant! Or, pour mûrir, pour épanouir notre conscience, pour transcender notre niveau actuel, nous devons tous nécessairement assumer des risques, accepter les limitations douloureuses de la vie et souffrir ... Dans ce monde, chaque naissance et toute croissance renferment leur lot de douleurs proverbial. Il semble n'y avoir aucun autre moyen pour réussir si ce n'est un amour altruiste authentique ... dont nous ne saisissons pas encore toute l'envergure et que nous sommes ainsi incapables de mettre en pratique.

Nous avons signalé précédemment qu'à cette école, nous sommes à la fois étudiants et enseignants. Lorsque nous sommes jeunes ou dans une polarité féminine, réceptive, nous sommes des étudiants et nous pouvons rester tels toute notre vie durant. Par contre, plus tard, lorsque nous mûrissons et que nous apprenons à nous exprimer dans les polarités réceptive et émissive, soit féminine et masculine, nous devenons alors des enseignants. Dans ce monde, pour accomplir notre destin et réaliser la volonté du Soi, nous devons apprendre à étudier et à enseigner, à recevoir et à donner et surtout à faire des échanges avec des personnes qui sont autant à un niveau supérieur ou inférieur d'évolution qu'avec celles qui sont au même niveau que nous.

L'École du Cœur

Le monde est comme un asile psychiatrique où nous sommes à la fois le patient et le thérapeute, le malade et le guérisseur ... car c'est bien en guérissant les autres qu'on se guérit soi-même et vice versa! Pourquoi le monde et la Vie sont-ils un asile psychiatrique? Parce que c'est justement au niveau du Cœur, de l'amour et des sentiments que règne la confusion la plus totale; parce que nous accordons une importance très restreinte aux aspects exaltants de la Vie que nous comprenons mal; parce qu'au lieu d'investir nos compétences à construire l'essentiel, nous détruisons et consacrons notre attention, notre temps et notre énergie à ce qui est négligeable.

Toutes les créatures, les êtres humains en particulier, cherchent consciemment ou inconsciemment le bonheur, l'harmonie, la paix et la plénitude, mais ils utilisent des moyens inadéquats qui ne peuvent apporter de véritable satisfaction. La plupart des gens accordent une priorité absolue au pouvoir (par l'argent surtout) et au savoir (comme moyen d'obtenir le pouvoir et de contrôler les autres). D'une part, peu de personnes peuvent obtenir beaucoup de pouvoir et acquérir beaucoup de connaissances. Seule une élite peut réaliser ces deux objectifs et ce, pour des raisons complexes. Même ces rares personnes qui atteignent le sommet du pouvoir et de la connaissance ne récoltent pas et ne manifestent pas nécessairement la joie, la paix, le véritable bonheur ... comme l'histoire classique de Faust que Gœthe illustre admirablement.

D'autre part, chaque personne, même parmi les plus ordinaires ou celles qui sont affligées de handicaps sérieux peuvent connaître un véritable bonheur, une paix profonde et un sens de l'harmonie et de l'intégrité si elles apprennent à **aimer** véritablement et à accomplir leur **mission**, car le seul secret est l'Amour, cette capacité d'établir des relations justes, cette force unique qui peut vraiment apporter la joie, la paix et la plénitude! Ce secret est en même temps le plus grand paradoxe de la vie sur la terre, secret et paradoxe que toutes les grandes religions, le Christianisme en particulier, ont voulu et tentent encore de révéler au monde. Évidemment, il s'agit ici de l'amour altruiste et universel et de la mission choisie par Dieu et par notre âme et non l'amour romantique et sexuel ou le devoir choisi selon les circonstances par notre moi humain! Au niveau cognitif, la véritable solution au grand problème et la réponse au défi que représente la vie sur terre sont très simples: apprendre à aimer, à devenir étudiant dans la grande école de l'amour et à remplacer la souffrance par l'amour comme principal moteur ou guide de notre évolution.

Malheureusement, une majorité de personnes continuent à évoluer péniblement à travers le conflit et la souffrance, à détruire plutôt qu'à construire, à se quereller et se faire la guerre plutôt qu'à coopérer et à s'aider mutuellement. Ce que nous décidons de faire ou de ne pas faire est strictement une décision personnelle qui peut être prise et modifiée à n'importe quel moment dans la vie. Elle découle directement et essentiellement de notre niveau de conscience et d'être, ce qui souligne l'importance de transformer et d'élever notre niveau de conscience et notre taux vibratoire. Le *remède* efficace aux grands problèmes et souffrances de la vie existe déjà dans chaque être humain, en chacun de vous; le seul endroit où vous pouvez le découvrir n'est autre que dans les sommets de votre être et de votre conscience! Ce qui est essentiel est toujours simple! Il faut savoir le chercher *en haut*, dans la dimension verticale, dans des niveaux supérieurs de conscience et non *en bas*, dans les niveaux inférieurs où nous nous situons généralement. Chaque patient ou malade peut devenir un thérapeute, d'abord pour lui-même et ensuite pour les autres, autant par son exemple vivant et ses énergies supérieures que par ses connaissances et son intervention.

L'École de la Volonté

Le monde est un champ de bataille où nous sommes à la fois agresseurs et agressés, oppresseurs et opprimés. Dans le monde de la matière, nous nous incarnons pour mûrir et grandir à travers une confrontation avec le mal présent dans le monde ainsi qu'en nous-mêmes. Donc, pour demeurer libres et fidèles à nous-mêmes, il faut apprendre à lutter dans la vie avec beaucoup de force et de courage. C'est une vérité simple mais essentielle. Ce qui trouble une âme évoluée et sensible lorsqu'elle s'incarne dans ce monde, c'est d'être immédiatement confrontée au problème du mal auquel elle doit faire face (d'où les notions universelles de chute, de péché originel et de conversion). Or, le mal, comme toutes les autres réalités existentielles, est aussi une trinité. Dans le monde physique, il se manifeste comme *mensonge* (distorsion de la réalité), comme *agression* ou *violence* (déchirure ou sacrifice de soi-même) qui porte inévitablement à devenir étranger à soi-même et *laideur* (qui paralyse nos émotions et sentiments supérieurs).

Nous ne pouvons vivre dans ce monde sans être agressés ou attaqués dans notre être et nos sensibilités, de quelque façon que ce soit, au niveau mental, émotif et même physique. Ici, l'enjeu est très simple mais de taille: nous définissons et créons notre propre réalité ou c'est le monde et les autres qui se chargent de le faire pour nous; nous exprimons et réalisons nos idéaux ou nous nous retrouvons aliénés et perdons ce

que nous avons de plus précieux, c'est-
à-dire nous-mêmes; nous restons fidèles à
nous-mêmes et à notre mission ... ou bien
nous perdons les deux!

Voilà notre monde, notre *champ de bataille* au niveau intérieur et extérieur, dans le
macrocosme autant que dans le microcosme. Perçu dans cette optique et à ce niveau, le développement de la volonté, du
courage et de la force – des arts martiaux –
joue un rôle capital pour réaliser le Grand
Œuvre, pour parfaire notre être et accomplir notre individualisation. Ici, la solution
est de devenir un guerrier, le *capitaine* de
soi-même et de son destin et non d'agir en
esclave, victime des forces extérieures et des
autres êtres.

Beaucoup de personnes de bonne volonté, particulièrement celles qui privilé-
gient l'amour, la bonté, la gentillesse, la
charité et la sensibilité – en fait, celles qui
démontrent les qualités vénusiennes – esti-
ment que les compromis et la faiblesse sont
des vertus! C'est une erreur fondamentale.
Pour grandir et se réaliser, il est très important de cultiver et d'utiliser autant les

La Vie

qualités martiennes (polarité masculine) que les qualités vénusiennes (polarité féminine). Un des attributs essentiels de Dieu, de la Réalité Ultime est précisément la Vie, la Force, la Puissance (l'Énergie créatrice) qui est parfaitement intégré à Ses autres qualités essentielles: l'Amour et la Bonté, la Connaissance et la Sagesse. Ces qualités ou attributs ne sont que des facettes d'un même diamant, le Soi, l'Étincelle divine à l'intérieur de chacun de nous. Sans la Vie, la Force, la Puissance ou l'Énergie créatrice, il est impossible de connaître, de devenir et de s'exprimer soi-même! Sans cette énergie et qualité, tout individu finirait par se perdre lui-même, deviendrait étranger à lui-même et ainsi raterait la grande aventure de sa Vie sur la terre!

Depuis toujours les traditions sacrées, surtout les traditions sacrées occidentales, enseignent que trois *voies royales* rendent possible l'union à Dieu, à la Réalité intérieure et extérieure. Ces trois voies sont en étroite connexion avec les trois images de la Vie que je vous ai présentées précédemment parce qu'elles sont engendrées par les mêmes centres psychospirituels. Les voici:

1. *La Voie Gnostique*, le sentier de la *tête:* la connaissance, la compréhension mentale des expériences intérieures et extérieures. À son tour, cette voie se divise en branche masculine et en branche féminine qui mènent à Dieu par la connaissance et par la compréhension. En Orient, cette voie est connue comme le Gnani Yoga.

2. *La Voie Héroïque*, le sentier des *épaules:* l'action, l'organisation et la création, en dépit de tous les obstacles qui peuvent se présenter. Cette voie est avant tout masculine et dynamique et porte à l'union avec Dieu par l'action, la création, la réalisation et l'incarnation des plus hauts idéaux et valeurs. En Orient, cette voie est connue comme le Karma et Raja Yoga.

3. *La Voie Mystique*, le sentier du *cœur:* l'amour, la réceptivité et la soumission au Soi. Cette voie est principalement une voie féminine et réceptive et porte à l'union avec Dieu par la grâce, l'amour et le désir. En Orient, cette voie est connue comme le Bhakti Yoga.

Il devient manifeste alors que l'expansion et la transformation de notre conscience humaine, la véritable conversion ou *metanoia* doit nécessairement passer par le développement, l'expansion et la synthèse de ces trois voies, chacune d'elles découlant d'un des centres spirituels. Ainsi, la voie de la *tête* a ses racines en KETHER, la voie des *épaules*, dans CHESED et GEBURAH et la voie du *cœur* en TIPHARETH. L'union de ces trois voies rend possible l'activité psychique la plus importante de l'être humain : la pensée, la volonté et les émotions. C'est cette intuition et cette prise de conscience qui ont donné naissance à mes trois images ou conceptions fondamentales de la Vie, les plus évocatoires dans ma réflexion actuelle : la Vie est comme une *école*, un *champ de bataille* et un *asile psychiatrique.*

À l'École des apprentissages authentiques, qui est la Vie dans ce monde, nous devons nécessairement apprendre à nous développer et à nous exprimer, c'est-à-dire à marcher sur chacune de ces trois voies.

Aspects pratiques

Dans la partie théorique de ce chapitre, nous avons partagé et analysé mes trois grandes images ou conceptions du monde qui correspondent respectivement au centre psychospirituel de la *tête* (conscience et connaissance), au centre psychospirituel des *épaules* (volonté et énergies créatrices) et au centre psychospirituel du *cœur* (amour et émotions). Nous avons ensuite fait le lien avec les trois *voies royales* (la Voie Gnostique, la Voie Héroïque et la Voie Mystique) qui sont intimement reliées à ces trois images de base. Par la suite, nous avons défini la nature et les caractéristiques essentielles de ces trois images de la Vie en décrivant leurs implications pour notre santé, notre créativité et notre bonheur. Je vous propose maintenant des applications pratiques.

Considérons la première image, celle du monde perçu et défini comme une école où nous sommes à la fois étudiants et enseignants. Si le monde, et donc notre vie dans ce monde, est une école, cela signifie tout d'abord que l'objet, que le but essentiel de la Vie et de toutes nos expériences dans ce monde n'est autre que celui d'apprendre quelque chose. Or, ce *quelque chose* est avant tout nous-mêmes, notre nature et conscience, nos réactions, limites et potentialités. Mais ce *quelque chose* inclut aussi le

53

monde dans toute sa diversité et sa richesse incroyable, dans toutes ses expériences, aventures et mésaventures. Lorsque nous vivons une situation difficile, douloureuse ou qui nous est incompréhensible, posons-nous les questions suivantes, méditons sur leur signification et intégrons-les dans notre conscience et dans notre être:

1. Pourquoi ai-je à vivre cette expérience?

2. Que puis-je apprendre d'elle qui serait utile à ma croissance personnelle?

3. Quelle est la leçon fondamentale que je peux tirer de ce que je vis présente-ment?

4. S'agit-il d'un examen ou d'une épreuve spirituelle qui m'oblige à développer certains aspects de mon être et de ma conscience? Si oui, quel est cet examen (ou épreuve spirituelle) et quels aspects de mon être sont invités à s'améliorer?

5. Dans ma situation actuelle, quel est mon devoir face à moi-même, face aux autres et face à Dieu? En fait, qu'est-ce qui m'est demandé? Comment puis-je

réussir cet examen et découvrir les leçons qu'il renferme?

6. Quelle est la signification profonde de mon vécu actuel, non seulement à mon niveau personnel mais aussi au niveau universel et didactique?

7. Quelle est la réponse adéquate au niveau mental et émotionnel (attitudes) et au niveau de mon comportement (action)?

Allons maintenant à l'image suivante, celle du monde perçu comme un asile psychiatrique où nous sommes à la fois patient et thérapeute. Au niveau du cœur et des émotions, le monde est indiscutablement un asile psychiatrique. Pourquoi? Parce que ce qui est le plus important est aussi le plus négligé et que ce qui est essentiel est bafoué; au lieu d'utiliser nos énergies et nos facultés d'une façon constructive et positive, nous agissons de façon négative et destructrice; au lieu de bâtir, nous détruisons; au lieu de guérir, nous blessons et au lieu de nous entraider, nous nous faisons la guerre.

Pour un observateur objectif, dont la conscience serait épanouie et noble, notre

monde apparaît comme un asile psychiatrique, semblable au *Royaume du Diable*, où
les êtres humains se comportent de façon
incroyablement paradoxale, pervertie et
destructive! Nous y sommes simultanément patients et malades ou thérapeutes et
médecins. Pourtant, il est possible d'être les
thérapeutes de nous-mêmes et du monde,
de découvrir la grande médecine univer-
selle, l'amour et la bonté, qui peuvent
panser nos plaies et celles des autres.

Pour guérir de ces blessures mortelles
(perte de notre énergie spirituelle, de nos
états supérieurs de conscience, de notre
identité – du Soi), pour lutter contre *l'atro-
phie du cœur* (de notre intuition, de la Voix
du Soi et de la grâce), méditons sur les
questions suivantes en essayant du mieux
possible de les intégrer dans notre personnalité et dans notre vie quotidienne:

1. Que représentent pour moi «la santé
    holistique» et le bien-être psychoso-
    cial?

2. Quels sont, pour moi, la forme la plus
    répandue et le type le plus généralisé
    de la folie de notre époque?

3. Comment puis-je rester sain dans un monde malade?

4. Quels sont les moyens théoriques et pratiques qui peuvent me permettre de me rééquilibrer, de me relaxer et de me recharger – de me connecter au Soi et à Ses Énergies spirituelles, à la Lumière et au Feu divin?

5. Comment puis-je redécouvrir mon *centre* et mon intégrité quand ceux-ci sont (temporairement) perdus ou fragmentés?

6. Comment puis-je retrouver l'objectivité, la clarté et ma véritable connexion avec le monde et la réalité tels qu'ils sont?

7. Qui sont les véritables thérapeutes et médecins pour les maux qui nous affligent aujourd'hui? Comment puis-je les reconnaître et quelles sont leurs caractéristiques?

La dernière image est la métaphore du monde perçu comme un *champ de bataille* où nous sommes à la fois agresseurs et agressés. S'il s'avère juste de comparer le monde à un champ de bataille, il s'ensuit que pour y demeurer libres et y conserver son intégrité, il faut lutter et performer avec beaucoup de courage et de force. C'est une conséquence logique et inévitable ... qui attend de nous d'être des «guerriers» et des «chevaliers de Dieu».

Tant que nous serons vivants dans ce monde, nous serons appelés à nous confronter au mal et à faire la guerre ou «jihad» intérieure et non pas extérieure contre des *infidèles* qui sont méchants. Nous serons appelés à faire la guerre contre notre propre nature inférieure, contre notre moi et ses tendances négatives. En d'autres mots, comme le dit saint Paul, cette guerre est une guerre intérieure, psychospirituelle et non extérieure et physique! Paradoxalement, nous devons apprendre à devenir inoffensifs, à pratiquer l'*ahimsa*, c'est-à-dire ne pas attaquer ou blesser les autres ni soi-même. Autrement dit, nous devons apprendre l'alchimie de la transmutation des éléments négatifs en éléments positifs (nos pensées, nos émotions, nos impulsions, nos désirs, nos paroles et nos actions ainsi que nos énergies et nos vibrations). Une partie importante de notre examen de la fin de ce siècle porte sur l'agression et la violence qui sont en pleine expansion dans notre monde à la période historique actuelle, autant au niveau quantitatif qu'au niveau qualitatif. Il devient donc essentiel de comprendre cette image de l'école comme champ de bataille et de l'intégrer dans notre comportement.

Pour remporter la victoire dans notre «guerre intérieure» (qui inclut aussi des aspects extérieurs), il serait sage de réfléchir aux questions suivantes:

1. Qu'est-ce qui m'attaque ou m'agresse en ce moment, que(qui) suis-je susceptible d'attaquer ou d'agresser? Pourquoi ai-je cette attitude ou cette réaction face aux autres?

2. Quel est le sens et quelle est la signification profonde de cette agression et violence? Quel est le véritable enjeu ici?

3. Que peuvent m'enseigner cette agression et cette violence?

4. Quel est mon devoir envers moi-même, envers les autres et envers Dieu dans cette situation?

5. Quelle est la bonne réponse ou réaction au niveau spirituel, mental, émotif et physique à ce que je suis en train de vivre?

6. Quelles sont les *armes* et les ressources dont je dispose pour faire face à cette situation d'agression et de violence?

7. Quelle est la meilleure façon d'utiliser les armes et les ressources dont je dispose? Qu'est-ce qui dépend de moi (polarité masculine) et en quoi consiste l'aide que je peux demander aux autres (polarité féminine)?

Subséquemment, on pourrait méditer sur les deux questions globales suivantes pour les intégrer dans son être et dans sa vie quotidienne:

– Comment puis-je trouver et garder un équilibre, la justice et une connexion vivante avec la Réalité aux niveaux physique, émotif, mental et spirituel?

– Comment puis-je mieux comprendre, nourrir et guérir mon cœur, mon âme et mon corps?

Il est important de se rappeler la phrase de Roberto Assagioli: «en bas, (dans les niveaux inférieurs de conscience et d'être), il n'y a plus de solutions alors qu'en haut (dans les niveaux supérieurs de conscience et d'être), il n'y a pas de problèmes». Il est vital de prendre conscience que la véritable santé holistique (physique, psychosociale et spirituelle) ne peut être réalisée *qu'en haut*, dans des états supérieurs de conscience où nous sommes en communion consciente avec le Soi, le Christ intérieur. C'est vers ce grand objectif que l'image et la conception de la Vie comme une triple école nous amènent lentement mais sûrement.

Cette image/analogie de la Vie comme triple École (celle de la Raison, celle du Cœur et celle de la Volonté) contient une force évocatoire d'une puissance extrêmement dynamique pour ceux qui s'y référeront sérieusement. Les implications rationnelles qu'elle suscite sont:

• recadrer notre façon de percevoir la Vie et donc de vivre selon de nouveaux paramètres.

• apporter un sens là où l'incohérence régnait, donner de l'espoir et du

courage là où il n'y avait que du désespoir et de la léthargie (manque de motivation).

• éliminer notre sentiment d'impuis-
sance et d'inutilité en favorisant notre
engagement dans un travail positif qui
fera une différence pour nous et pour
les autres.

Donc, cette image/analogie nous ai-
dera à purifier et à réactiver notre *Tête*, notre
Cœur et nos *Épaules* au niveau des centres
psychospirituels qui leur sont reliés parce
que:

Si la Vie est une École de la Raison,
tant que nous pouvons apprendre quelque
chose sur nous-même, sur le monde ou sur
les autres, la Vie aura toujours un sens et
une signification profonde ...

Si la Vie est une École du Cœur, tant
que nous pouvons sentir profondément et
aimer, la Vie aura un sens et une signification ...

Si la Vie est une École de la Volonté,
tant que nous pouvons créer quelque chose
et nous exprimer, de façon telle à faire une

différence, la Vie aura un sens et une signification ...

Donc, lorsque le temps sera venu pour nous de quitter le monde physique, nous pourrons alors dire, non seulement avec notre mental (pensées) mais aussi avec notre cœur (sentiments) et avec tout notre être (actions) **que la Vie a valu et vaut toujours la peine ...** même si elle a été très PÉNIBLE!

Chapitre II

Le destin, le libre arbitre et la grâce

Les trois grandes clefs du comportement et du destin humain

Quoi de plus intrigant, de plus éton-nant et de plus désarmant que le comportement humain? Quoi de plus mystérieux et de plus étrange que sa destinée?

Écrivains, philosophes et mystiques se sont penchés sur ces sujets depuis des millénaires et ont avancé plusieurs explications. Le destin humain est-il inflexible et inexorable comme le prétend la philosophie grecque classique ou peut-il, comme le prétendent de nombreux chercheurs contemporains, être dirigé, voire modifié par le libre arbitre soutenu aujourd'hui de connaissances et de technologies de plus en plus *pointues?* Quel rôle joue la grâce dans tout cela? Est-ce que la prière et les intercessions des Saints et des Anges peuvent influencer et changer le tracé d'une vie humaine? Si oui, comment? Autrement dit, dans quelle mesure le comportement humain est-il déterminé et peut-il dépendre du libre arbitre et de la grâce? Voilà quelques questions fondamentales auxquelles nous allons essayer de répondre dans ce chapitre.

La perspective que je vous offre et les réponses que je vous soumets sont issues de mon expérience personnelle via le développement actuel de ma conscience et le niveau de mes réflexions et observations, de même que de la tradition spirituelle qui m'a servi de guide durant toute ma vie. Ici, le plus important n'est pas de vous fournir des réponses systématiques et définitives mais de vous encourager et de vous inciter à trouver vos propres réponses. Vous êtes aujourd'hui ce que vous deviendrez demain; votre vie et votre avenir dépendent des réponses, conscientes ou non, que vous donnez à ces questions essentielles et de la façon dont vous considérez ces trois clefs déterminantes: le destin, le libre arbitre et la grâce.

Pour débuter, considérons certaines prémisses qui concernent la dynamique de la croissance humaine et de l'évolution:

1. Jadis, lorsque les êtres humains et leur comportement étaient dirigés par des forces physiques, extérieures et par leurs instincts et pulsions intérieures, l'évolution humaine progressait d'une façon *inconsciente*. Puis, elle est devenue *consciente* (stade où nous sommes présentement) et s'apprête à prendre un virage décisif pour devenir *supraconsciente*.

   L'évolution consciente signifie que si nous voulons accomplir quoi que ce soit, nous devons agir pour le réaliser. Plus rien ne se produit aujourd'hui automatiquement comme c'était le cas jadis, par le simple impact de forces extérieures qui agissaient sur notre moi humain pour le faire évoluer. Il nous faut donc devenir à la fois l'artiste et le chef d'œuvre de soi-même et de sa destinée. C'est ce que j'appelle faire «la sculpture de son âme».

2. L'être humain est un véritable microcosme du macrocosme: il est une synthèse et une réplique de tout ce qui existe dans l'univers et à l'extérieur de lui-même. Dans chaque être humain, coexistent une partie de l'essence de la nature: partie physique (ou biophysique), une partie de l'essence de l'humanité: humaine (ou psychosociale) et une partie de l'essence de Dieu: spirituelle. L'être humain est ainsi une *trinité* comme l'affirme justement la tradition classique.

3. Le corps ou organisme biologique de l'être humain a été formé par la nature et est un cadeau de celle-ci à chacun.

L'esprit, l'Étincelle divine que certains appellent aujourd'hui le Soi spirituel est un cadeau de Dieu, de l'Esprit cosmique. En fait, nous pouvons considérer la nature comme étant la partie immanente de l'Esprit cosmique alors que Dieu en est la partie transcendante. Par contre, notre âme, notre psyché ou conscience humaine ainsi que notre caractère et notre *moi humain* relèvent de nos propres créations. La raison pour laquelle nous nous sommes incarnés sur cette terre, pour laquelle nous effectuons ce long pèlerinage dans le monde de la matière est justement de parfaire nos créations, de les rendre à terme, aidés et soutenus par les deux aspects de l'Esprit cosmique: notre corps et notre esprit.

4. La partie fondamentale de la nature humaine qui est dynamique, en pleine évolution ou *devenir*, celle que nous avons à sculpter n'est pas tellement notre corps ou notre esprit mais notre conscience humaine et notre *moi humain*. Voilà d'où provient aujourd'hui l'urgence de devenir conscient, de

vivre d'une façon responsable et donc de comprendre notre expérience terrestre: ses causes, sa dynamique, ses conséquences ainsi que sa signification et sa valeur.

Depuis l'aube des temps et depuis que l'homme est devenu un être humain, la question traditionnelle qu'il s'est posée est: Pourquoi un être humain parle-t-il et agit-il comme il le fait? Pourquoi le vécu de certaines personnes semble si difficile et si injuste alors que celui de d'autres semble si facile et désirable? Quels sont les facteurs ou forces fondamentales qui déterminent l'être, le vécu et le destin d'un être humain?

Un grand nombre de facteurs généraux et spécifiques entrent en ligne de compte et déterminent le comportement et la destinée de tout être humain. Selon la tradition spirituelle, de même que mon vécu personnel et les constatations que j'ai faites, les véritables clefs qui permettent une compréhension du comportement et de la destinée humaine sont trois grandes forces: **le destin, le libre arbitre et la grâce.**

Analysons chacune d'elles et nous les réunirons par la suite sous forme de synthèse.

Le destin

Certaines cultures, religions et traditions (l'Orient, le Moyen Orient et les pays arabes) soutiennent que le destin (événements importants dans une vie) est déjà écrit. C'est le «fatum» des Romains, le «destin» des Grecs et le «mektoub» des Arabes. D'autres cultures, religions et traditions par contre (la culture occidentale et moderne en particulier qui accorde la priorité aux sens et à la raison, à la science et à la technologie) insistent sur le libre arbitre de l'être humain. Quant à la grâce, elle n'est pas encore le leitmotiv d'une culture spécifique, bien que toutes les religions et beaucoup de traditions en parlent, mais sans la rendre compréhensible et opérationnelle, du moins en termes rationnels et analytiques.

La tradition spirituelle et des expériences vécues dans des états supérieurs de conscience affirment que tout être humain qui naît dans ce monde a un destin précis et spécifique dont il peut devenir conscient et avec lequel il peut se familiariser. Elles nous décrivent le destin de la façon suivante : l'âme, avant de s'incarner, avec l'aide des puissances célestes, choisit certaines leçons et expériences qu'elle vivra lors de son incarnation dans un corps physique. D'une part, l'âme ne peut choisir tout ce qu'elle désirerait vivre dans sa prochaine incarnation. Mais d'autre part, tout ne lui est pas imposé. Elle a donc un certain choix, plus large ou limité selon son niveau de conscience, son évolution et son vécu dans ses vies antérieures.

Tout se passe comme si elle se rendait dans une agence de voyage pour planifier un long voyage à l'étranger : elle précise sa date de départ et celle de son retour, elle choisit les pays et les villes qu'elle ira visiter, les hôtels où elle résidera et les activités principales qui l'intéressent. Mais elle ne peut prévoir tous les petits détails et les incidents de parcours. Il en est de même de notre destin. Le choix se fait entre le progrès et la vitesse à laquelle l'âme veut évoluer et les difficultés et les épreuves qu'elle aura à subir. Plus elle veut évoluer vers la sainteté et mûrir rapidement, plus sa vie sera difficile et remplie d'épreuves. Par contre, si elle s'incarne dans une bonne famille qui lui transmettra une hérédité solide, de l'amour et de la compréhension, la dotera d'une bonne éducation, lui inculquera des valeurs et lui témoignera le bon exemple, elle évoluera moins vite! Platon connaissait ce principe et en avait déjà parlé dans sa «République» (dans le mythe de Err en particulier). C'est qu'il y a un échange entre croissance personnelle et développement spirituel. Celui-ci prévoit une vie difficile, remplie d'épreuves, d'expériences et d'aventures, mais si une vie est facile et confortable, le développement spirituel sera moins probant. = Vivre dans un confort incomfortable !

Un fait qui demeure paradoxal et incompréhensible pour les personnes qui n'ont pas encore développé leur conscience spirituelle est celui où les Sages et les Saints ne se plaignent jamais des contrariétés qu'ils subissent ni des événements très difficiles et injustes en apparence qu'ils vivent!

La raison est très simple: ils se *rappellent* ou *savent* très bien que ce sont eux-mêmes qui ont choisi de vivre cette situation ou cette épreuve pour leur propre croissance et évolution spirituelle! C'est pour cette raison qu'ils remercient le Ciel de tout ce qui leur arrive et en particulier lors de périodes difficiles.

Je me souviens, lorsque j'étais étudiant à l'université de Columbia à New York, ma mère spirituelle à Paris et mon père spirituel à New York me répétaient: «Si tu veux évoluer, choisis toujours la voie la plus difficile». Ce fut également une des premières notions que m'enseigna Padre Pio. Alors que j'étais en automobile pour aller le rencontrer la première fois chez lui, à San Giovanni Rotondo, je me rendis compte que lorsque j'accélérais la vitesse de ma voiture, la résistance de l'air augmentait proportionnellement. Je fis tout à coup la déduction suivante: si nous accélérons notre propre croissance et évolution, nous augmentons également la résistance de la vie constituée d'épreuves et de difficultés ... Cette évidence frappante, qui m'amènera à beaucoup d'autres conclusions par la suite, me fut confirmée par Padre Pio, lors de mon arrivée, lorsqu'il me dit que j'avais déjà, durant mon trajet, appris ma première leçon et que c'était la raison pour laquelle il me mettait en garde de ne pas vouloir aller trop rapidement dans ma croissance et mon développement spirituel. Selon le point de vue *sacré*, il faut accepter tout ce qui nous arrive dans la vie et remercier le «Ciel» pour les événements heureux comme pour les plus pénibles, car ils sont tous un moyen d'évolution; alors que le point de vue *profane* recherche la facilité, les plaisirs et le confort et veut éviter à tout prix les difficultés, les souffrances et les efforts!

Une fois notre destin choisi avec l'aide des puissances spirituelles, nous attendons le moment propice où nous nous incarnerons dans un corps physique ... en oubliant en même temps qui nous sommes et le but de notre expérience terrestre. Par contre, il est possible mais aussi très important de pouvoir se souvenir du plan que nous nous sommes tracé afin de le réaliser d'une façon consciente, efficace et joyeuse. (voir «Connaître et Accomplir sa Mission, Clef essentielle du Bonheur, de la Santé et de la

Créativité» à paraître dans un prochain volume de cette série).

Plusieurs moyens existent sur terre pour se remémorer cette connaissance de l'au-delà. Il nous a été dit: «Cherchez et vous trouverez ...». Il sera peut-être trop tard, lorsque nous mourrons et retournerons de *l'autre côté du voile*, où nous serons à nouveau conscients de ces connaissances essentielles, pour agir et réagir en conséquence. Sur terre, lieu où se vit l'évolution, l'activation de son intuition et l'éveil de sa conscience spirituelle peuvent réactiver cette mémoire, de même que l'astrologie et la voyance, comprises et appliquées de manière adéquate, peuvent également lui donner accès. La vie elle-même aussi, de même qu'un travail personnel de psychothérapie, le counselling ou croissance personnelle peuvent mener au même résultat. Voilà donc des questions essentielles auxquelles nous devons et pouvons répondre pour assumer notre vie d'une façon vraiment adulte, consciente et fructueuse: Qui suis-je? D'où je viens et où je vais? Que suis-je venu faire sur cette terre? Quel est mon destin?

Une considération dont on doit tenir compte est que le destin concerne le niveau objectif ou extérieur de notre vie. Celui-ci, prévu dans les mondes spirituels, peut difficilement être changé après l'incarnation dans un corps physique du monde de la matière. En fait, nous devons l'assumer comme étant la conséquence des choix que notre âme a faits dans l'autre monde. Il se peut que nous quittions cette terre prématurément (par le suicide direct ou indirect) ou un peu après l'heure prévue, par la prière et l'action gratuite de la grâce si nous n'avons pas tout à fait réaliser ce que nous sommes venus accomplir ici-bas, du moins dans une certaine mesure. Voilà donc notre destin, ce qui est *écrit*, le «fatum» des Romains, qui est à proprement parler, presque toujours inéchangeable et inexorable ... car c'est la raison de notre présence sur terre dans cette incarnation actuelle. Il est possible d'accélérer notre évolution par notre libre arbitre et notre volonté, en apprenant les leçons et en réussissant certains *tests* ou la retarder par notre entêtement ou refus de réfléchir, mais non vraiment de changer notre destin.

Le libre arbitre

Le libre arbitre, qui se situe au niveau subjectif ou intérieur de notre être ou de notre vie, est une fonction de notre niveau de conscience et d'être ainsi que notre façon de percevoir, de définir et de réagir aux circonstances objectives de notre vie. Le libre arbitre implique toujours un certain choix, plus ou moins restreint ou plus ou moins conscient. C'est le choix de *monter* ou de *descendre* sur l'ascenseur intérieur de notre conscience, d'accepter ou de rejeter une certaine situation ou épreuve, de continuer ou d'abandonner la lutte.

Le libre arbitre ne peut que rarement modifier les conditions objectives extérieures de notre vie – cela n'est pas impossible, mais très rare. Sa spécialité est de changer notre niveau de conscience, donc de modifier notre façon de percevoir, de définir et de réagir à une certaine situation. C'est aussi à ce niveau, au niveau subjectif, intérieur de l'esprit que se situe notre véritable liberté et non au niveau subjectif, extérieur et matériel.

Nous voici maintenant devant le paradoxe suprême: le corps physique de l'être humain est totalement déterminé par les lois de la nature et de la matière alors que son esprit est libre et le demeure toujours entièrement. L'être humain, qui est fait de matière et d'esprit, reste alors coincé entre ces deux pôles opposés. Par son choix conscient et la cohérence de ses actes, il peut cependant s'identifier à un pôle ou du moins, tendre plus vers l'un que vers l'autre. Étant composé d'esprit et de matière, l'être humain est donc un être paradoxal à la fois libre et déterminé; il est déterminé au niveau objectif, extérieur dans les expériences qu'il vivra mais il reste libre au niveau subjectif, intérieur dans ses attitudes et sa façon de percevoir et de réagir à ces expériences. De plus, ses attitudes, sa façon de percevoir, de définir et de réagir à ce qu'il vit influencent son comportement tout comme son comportement conditionne son vécu.

La grâce

La grâce est l'énergie spirituelle qui peut être appréhendée consciemment sous

forme de **Lumière**, de **Feu** et de **Vie**. Cette
énergie supérieure est toujours un don gra-
tuit de Dieu et elle est partout, en tout lieu
et en tout temps. Notre *œuvre* consiste à
nous préparer à la recevoir et à l'intégrer
dans notre psyché et notre corps. Cette
énergie ne s'impose pas et n'oblige jamais
personne. Elle attend avec patience le moment propice pour imprégner l'être humain
car Dieu ne fait violence à personne. De
plus, cette énergie ressemble à un courant à
haut voltage: il faut être prêt et en état de la
recevoir, sinon elle risque de brûler nos cir-
cuits (notre conscience humaine, nos
glandes endocrines et notre système ner-
veux).

Une longue préparation, purification
et consécration sont donc nécessaires pour
capter et intégrer cette énergie supérieure.
Par exemple: lorsqu'une personne reçoit
une bénédiction authentique ou l'eucha-
ristie, une projection et une transmission
réelles d'énergie (de lumière, de feu et de
vie) s'effectuent. Mais cette énergie peut
être accueillie et agir de deux façons bien
différentes.

- Elle peut couler **autour de l'Aura**, glisser sur les corps énergétiques sans pénétrer à l'intérieur de la personne et ne pas se rendre à son Arbre de Vie ni à ses centres psychospirituels. C'est ce phénomène qui se produit habituellement pour la grande majorité des gens. Ils ne ressentent aucun effet tangible: ils ne voient rien, ne sentent rien et aucun changement n'a lieu pour eux. C'est pourquoi cette projection et transmission d'énergie ne sont pas conscientes et demeurent donc des *actes de foi*!

- Elle peut couler **à l'intérieur de l'Aura**, s'infiltrer dans l'Arbre de Vie de la personne et agir sur certains ou même tous ses centres psychospirituels. Dans ce cas, l'aura se dilate et s'agrandit, ses couleurs deviennent plus vives, ses centres s'activent et s'illuminent. La personne devient consciente de la réception de cette énergie et peut connaître l'extase. De toute façon, une réaction se fait sentir au niveau tangible: la personne peut voir, sentir, ressentir certaines émotions dans son être et son état d'âme, qui vont se répercuter dans ses attitudes et son comportement. Évidemment, cette personne était prête, suffisamment purifiée et consacrée pour recevoir ces énergies supérieures ...

Personnellement, dans mon vécu et lors de mes rencontres avec des personnes spirituellement éveillées, je n'ai jamais cru (faute de preuves concrètes) que Dieu et la grâce agissent autrement que par les grandes Lois qui régissent la Création toute entière. Je n'ai jamais cru ni ne crois au surnaturel: Dieu ne viole pas les Lois naturelles qu'Il a lui-même créées dans le but de faire plaisir à Ses créatures suite à leurs prières, sacrifices ou demandes d'intercessions. Je partage la conviction de grands savants et de mystiques reconnus que beaucoup de lois et d'énergies naturelles nous sont encore inconnues. Or, ce que nous appelons la «grâce» est justement un ensemble de lois et d'énergies que nous n'avons pas encore cernées ni décodées.

La grâce n'est donc pas une force surnaturelle ou une intervention arbitraire de la divinité pour abroger ou changer les grands principes et lois de la nature. La grâce est un ensemble de lois et d'énergies dont nous ignorons les principes de fonctionnement. Il n'existe donc pas de miracles au sens populaire et sensationnel du terme, mais seulement la manifestation d'énergies et de lois qui agissent à la vitesse de l'éclair et donnent des résultats qui nous sont spectaculaires! Lorsque ces manifestations se produisent, parce que nous ne comprenons pas le mécanisme qui les actionne, nous pensons au *miracle*... tout comme le conclurait un aborigène en écoutant un téléphone cellulaire ou en regardant un téléviseur! Au fait, les vrais miracles ne se produisent pas au niveau physique et ne génèrent pas d'effets spectaculaires. Ils se situent dans le cadre des transformations humaines et spirituelles. Par exemple: l'amour authentique d'une personne qui se sacrifie pour une autre, la lutte et la persévérance de quelqu'un qui continue alors même qu'il n'en a plus la force, la métamorphose d'une personne égoïste et hédoniste qui devient altruiste en recherchant la volonté de Dieu ...

En réfléchissant sur la nature et la dynamique des trois grandes forces qui déterminent le comportement et la destinée humaine, en méditant sur leur interaction réciproque, nous pouvons donc tirer des conclusions et de nombreuses implications théoriques et applications pratiques que voici:

1. C'est nous-mêmes, avant de nous incarner, qui choisissons notre destin ou ce que nous voulons faire et vivre sur la terre, dans un état d'âme plus élevé et avec l'aide des puissances célestes. Plus tard, sur terre, lorsque nous avons éveillé notre conscience spirituelle, ce plan peut se vérifier. Comment pouvons-nous alors nous plaindre de ce qui nous arrive et ne pas remercier le Ciel de respecter les choix que nous avons nous-mêmes faits?

2. Notre destin se joue au niveau objectif, dans le monde et dans des circonstances matérielles.

3. Sauf exceptions très rares, notre destin ne peut être changé ou modifié dans ses composantes majeures, parce qu'il

représente ce que nous avons décidé de vivre et d'apprendre dans ce monde, ce qui constitue en soi la volonté de Dieu. Il est donc bien *déterminé* et *écrit*. Notre marge de manœuvre consiste à accepter ou à refuser notre destin, à le vivre d'une manière enrichissante ou régressive.

4. Notre libre arbitre est notre choix essentiel, cette qualité distinctive de l'être humain et la plus essentielle. C'est le domaine de notre liberté qui se joue et s'exprime au niveau psychique et au niveau subjectif, dans notre propre conscience dont il est une fonction.

5. Notre libre arbitre est notre capacité de transformer, d'élever ou d'abaisser notre niveau de conscience. Dans une proportion plus ou moins grande, il demeure notre propriété inaliénable, car si nous devions le perdre intégralement, il est probable que nous mourrions!

6. La grâce est une énergie supérieure qui se manifeste comme Lumière, Feu et

Vie, qui va activer des lois et des énergies dont nous ignorons encore la nature et les expressions. Elle n'est pas
un acte surnaturel ou arbitraire de la
divinité pour récompenser des prières,
des demandes ou des sacrifices.

7. La grâce existe partout et elle est dis-
    ponible à chaque être humain. C'est la
    capacité de celui-ci à la recevoir et à
    l'intégrer, c'est sa sensibilité et sa *trans-
    parence à la lumière* qui permettent à la
    grâce d'opérer à l'intérieur de la per-
    sonne et de la transformer – ce qui
    nécessite obligatoirement une prépa-
    ration, une purification et une consé-
    cration.

8. Dans son vécu quotidien, pour vivre
    consciemment, sainement et morale-
    ment, l'être humain doit toujours ac-
    cepter ce qui lui arrive ... et s'il en est
    capable, remercier le Ciel de l'opportu-
    nité qui lui est ainsi fournie d'évoluer.

9. Lorsque les problèmes surgissent, que
    les choses ne tournent plus rond,
    qu'une personne «n'en peut plus», elle
    doit alors travailler sur elle-même, se

purifier et élever son niveau de conscience. Lorsqu'il semble ne plus avoir
de solution en dimension *horizontale*,
elle doit alors nécessairement passer
en dimension *verticale*... là où elle trou-
vera la meilleure solution.

10. L'être humain ne doit jamais renoncer
ou s'arrêter; il doit lutter, tel un «vrai
chevalier» jusqu'au bout de ses forces,
jusqu'à la dernière goutte de son sang.
Puis, lorsqu'il a tout fait ce qui était
humainement possible, il peut s'en remettre à la grâce de Dieu et demander
de l'aide au Ciel, ce qui signifie passer
de la polarité masculine à la polarité
féminine.

11. Il est très important d'être conscient
que si, la majorité du temps, nous ne
pouvons changer notre situation extérieure, objective, il nous est tout à fait
loisible et sage de changer notre niveau de conscience – notre façon de
percevoir, de définir et de réagir à ce
que nous sommes en train de vivre
dans le moment présent.

12. Ce qui est essentiel n'est pas soit de
guérir, de survivre ou d'acquérir ou

non des biens temporels mais de faire la volonté de Dieu (et non la nôtre) qui, de toute façon, est toujours la meilleure pour nous.

13. Lorsque l'on accueille les incidents, lorsque l'on transforme et élève son niveau de conscience pour bien comprendre quelle est la volonté de Dieu dans ces situations, on peut alors invoquer la grâce pour qu'elle nous inspire afin que nos actes soient en conformité avec la volonté divine! Ou, lorsque tout semble perdu et anéanti, notre dernier espoir est de s'en remettre dans les Mains de Dieu, d'invoquer Sa grâce pour qu'elle puisse nous décoincer – nous réaligner avec Sa volonté divine.

Je sais que ces notions ne sont pas faciles à comprendre, qu'elles peuvent même sembler rebutantes au premier abord et lourdes à vivre, mais sur la voie de la sainteté et de la conscience spirituelle, elles sont primordiales car ce sont elles qui peuvent littéralement nos ouvrir les «Portes du Royaume de Dieu» lors même que nous sommes encore incarnés sur cette terre!

Chapitre III

Pourquoi sommes-nous mortels?

La Mort: Bénédiction ou Malédiction?

*A*ux États-Unis, on emploie souvent une expression populaire: «Dans la vie, deux choses seulement sont des certitudes: la mort et les impôts!» Il est évident que l'être humain est mortel ... du moins au point actuel de son évolution. Les traditions sacrées et ésotériques, la grande Tradition spirituelle (ou la Tradition) enseignent que l'être humain n'a pas toujours été et ne sera pas toujours mortel. Le Texte sacré de l'Occident, la Bible, dit explicitement qu'avant la «Chute», l'être humain était immortel, sans péché et ne connaissait pas la souffrance, mais qu'ayant mangé prématurément du fruit de l'Arbre du Bien et du Mal, il est devenu mortel, a connu le péché et les afflictions. Les traditions ésotériques et hermétiques poursuivent en affirmant que lorsque l'être humain n'avait pas encore de corps physique, dans sa phase *hyperboréenne* et avant de s'incarner sur le continent de Lémurie, il était immortel. À cette époque, en Lémurie et en Atlantide, les êtres les plus évolués conservaient une continuité de conscience, donc restaient fonctionnellement immortels ou vivaient à un âge très avancé. Ainsi, certains patriarches de l'Ancien Testament (notamment Mathusalem, réputé avoir vécu pendant huit siècles) ne conservaient pas le même corps physique mais gardaient une continuité de conscience et de mémoire.

L'être humain ne sera pas toujours mortel; son destin et son avenir l'appellent à devenir immortel. Sur ce point, les traditions sacrées et religieuses sont unanimes et formelles. Après la *résurrection*, l'*ascension* ou le *passage* du centre essentiel de notre conscience du corps physique au corps éthérique, corps de Lumière, l'homme retrouvera son immortalité. Le véritable salut nous conduit à la Vie éternelle qui n'est autre que l'immortalité consciente. Au fait, l'être humain, dans son essence spirituelle, est toujours immortel mais il n'est plus conscient de l'être! Ce que nous avons perdu et que nous allons retrouver lors de notre arrivée dans une autre dimension n'est pas l'immortalité de base mais bien la conscience de sa propre immortalité, que l'on pourrait appeler la «mémoire de l'Âme» ...

Alors que les religions parlent de *chute* et de *rédemption*, les traditions ésotériques ou hermétiques parlent *d'involution* et *d'évolution*, de la descente progressive de l'esprit dans la matière et de sa lente remontée vers son origine et son authentique nature: les mondes de l'esprit. Ce périlleux voyage ou pèlerinage dans les mondes de la création ne se sera pas accompli en vain. Il n'est pas question de simplement «racheter le péché» ou de «regagner ce que nous avions perdu» comme le laisse entendre la religion dans son interprétation exotérique, mais de réacquérir la conscience cosmique (perdue avec l'immortalité) et la conscience personnalisée de soi qui permet à l'esprit de se manifester consciemment en créant à tous les niveaux de la Création. Donc, au niveau ésotérique ou selon la Tradition, on perd temporairement un bien pour le retrouver et de surcroît, acquérir une inestimable qualité, fruit ou objet de ce long voyage: se doter d'une conscience individualisée et se munir de véhicules de manifestations pour le bénéfice du Créateur dans Sa création!

L'aspect majeur que je veux traiter et analyser avec vous, dans une optique spirituelle ou traditionnelle est: étant donné que l'être humain est temporairement mortel dans la phase actuelle de son évolution, la mort devient-elle une malédiction, une ennemie ou plutôt une bénédiction, une amie? La réponse vous étonnera peut-être car elle est paradoxale: sous un point de vue, elle est une malédiction et le dernier grand ennemi à vaincre tandis qu'à un autre, elle est incontestablement une bénédiction et notre plus grande amie... Pour bien comprendre ce paradoxe et élaborer notre réponse, nous allons étudier la structure de l'être humain et les étapes que celui-ci subit lors du processus de la mort.

Selon la Tradition et les enseignements ésotériques des traditions sacrées, la nature humaine est multidimensionnelle et se compose de plusieurs plans et dimensions qualitativement différents. Il est question de quatre dimensions fondamentales, de sept corps énergétiques, de la nature inférieure et supérieure (du «moi» et du «Soi», de la personnalité et de l'individualité, de la psyché et de l'Âme) de l'être humain. Les quatre dimensions fondamentales de la nature humaine, ainsi que de l'univers et de la conscience humaine, selon les Anciens, sont essentiellement le plan physique, le plan émotif, le plan mental et le plan spirituel. Si nous partageons en partie inférieure et supérieure le plan spirituel, mental et émotif, nous obtenons le corps éthérique ou vital relié au corps physique et aux sept corps énergétiques des enseignements ésotériques. De plus, toujours selon la Tradition, la nature humaine est formée de deux parties fondamentalement opposées: **1. la**

nature inférieure, la personnalité, qui se rapporte au *moi humain* ou à l'égo, laquelle utilise les quatre corps énergétiques inférieurs (le corps éthérique rattaché au corps physique, le corps astral ou émotif inférieur et supérieur, le corps mental inférieur) et **2. la nature supérieure**, l'individualité qui concerne le *Soi spirituel*, l'Étincelle divine qui s'exprime par les trois corps énergétiques supérieurs (le corps mental supérieur et le corps spirituel inférieur et supérieur). En outre, on peut affirmer que l'être humain, au stade actuel de son évolution, n'est pas un être terminé ou définitivement réalisé; il est encore en évolution, en devenir!

Ayant reçu de Dieu une Étincelle divine, le Soi, et de la Nature, un corps physique, son organisme biologique, il appartient maintenant à l'être humain, par ses propres efforts et ses expériences dans le monde de la matière, de développer et de raffiner une conscience, son âme! C'est ainsi que l'être humain a ses racines dans la terre, dans la matière et ses antennes et ses origines dans le ciel, dans les mondes spirituels. Sa mission et son devoir sont de relier et d'unir consciemment les deux! L'être humain est donc réellement «Fils de Dieu» et «Fils de la Terre» pour devenir «Fils de l'Homme» comme le rappelait Jésus: relier consciemment le Ciel et la Terre, l'Esprit et la Matière et permettre ainsi à l'Esprit de Se manifester et de créer dans tous les règnes de la Création. Une partie de notre être est, de ce fait, *extraterrestre* provenant des étoiles, des mondes spirituels alors que l'autre partie est bien terrestre.

Notre nature inférieure est foncièrement égocentrique, égoïste et hédoniste. Sa pulsion de base est de satisfaire les besoins de ce grand Personnage, notre ego, sans trop d'égards pour les autres ni sans accorder trop d'importance aux conséquences de nos pensées, désirs, paroles et gestes. Par contre, notre nature supérieure est essentiellement altruiste; elle tend à donner plutôt qu'à recevoir, à faire ce qui est juste plutôt que ce qui semble plaisant. Son besoin fondamental est de connaître et de réaliser la volonté de Dieu sans déférence pour elle-même. Or, l'œuvre essentielle de l'être humain est de réconcilier et d'intégrer

ces deux natures contradictoires et opposées, que seul le Soi spirituel, assisté de la
personnalité toute entière peut vraiment
réaliser!

Qu'est-ce que la mort? Quelle est sa
psychodynamique ou processus par lequel
elle se manifeste? Quelle est la partie de
notre être qui est affectée directement et in-
directement? Ayant brièvement décrit la
perspective spirituelle de la nature, des origines et du destin de la nature humaine,
nous allons aborder directement la question qui nous occupe.

Chacun de nous, chaque jour, meurt le
soir pour renaître le matin et vit ainsi régu-
lièrement le processus physiologique et
psychologique de la mort. S'endormir c'est
mourir, à la différence que, lors de notre
mort réelle, la corde d'argent se rompt et
nous nous réveillons hors de notre corps
physique. Après le sommeil, lors de notre
éveil, nous nous retrouvons dans notre
corps physique. La mort n'est rien d'autre
qu'une séparation de certains principes et
dimensions de notre être. En résumé, l'être
humain est constitué du Soi et du moi et de
sept corps énergétiques. À la mort, une

séparation se produit entre le corps éthérique et les autres corps spirituels, et le corps physique meurt. Par la suite, le corps astral se sépare des autres corps supérieurs et c'est le corps éthérique qui se dissout, et ainsi de suite jusqu'au corps mental supérieur ... à moins qu'une nouvelle incarnation dans un corps physique ne soit déjà en voie de préparation.

Ce processus de la mort implique un long détachement de notre nature supérieure, notre individualité ou âme d'avec notre nature inférieure, notre personnalité qui va disparaître. Ainsi, s'évanouissent tour à tour la conscience et la sensibilité de notre corps physique, puis celles de nos passions et de nos désirs, enfin de nos émotions et de nos pensées humaines. En d'autres mots, tout ce qui n'est pas pur, qui n'est pas en harmonie avec la volonté de Dieu est foncièrement corruptible et meurt. En fait, seulement ce qui est *raffiné* et en harmonie avec la volonté divine est incorruptible, donc immortel!

Notre personnalité et notre *moi humain* ou égo ainsi que ses véhicules de manifestation (corps physique et éthérique, corps

astral et mental inférieur) étant fondamentalement corruptibles, et donc mortels, ne
peuvent entrer dans le «Royaume des
Cieux». Nous avons donc à apprendre à
nous en détacher et à les abandonner, tôt
ou tard, d'une façon ou d'une autre. C'est
notre individualité, notre âme avec le Soi et
ses véhicules d'expression (corps mental
supérieur et corps spirituel inférieur et supérieur) qui sont incorruptibles, donc immortels.

Notre Grand Œuvre ou but fondamental de nos incarnations dans le monde
physique et de notre pèlerinage dans le plan
matériel est d'actualiser toutes nos facultés
et toutes nos potentialités pour éventuelle-
ment créer notre *corps de Lumière*, personnalité qui sera pleinement consciente et
soumise à la volonté du Soi. C'est celui-ci
qui permet à notre nature supérieure de se
manifester et de créer dans tous les plans de
la Création. L'archétype de ce processus est
représenté par la Résurrection de Jésus et
l'Ascension de Marie au ciel ... prototypes
de ce que nous allons tous vivre et réaliser
un jour, lorsque nous serons arrivés au

terme de nos *voyages* dans le monde physique.

Or, ce cadre ou perspective ésotérique offre une réponse et une explication au paradoxe qui est sous-jacent: la mort est-elle fondamentalement une bénédiction ou une malédiction pour l'être humain?

Au niveau de notre personnalité, de notre nature inférieure ou de notre égo, la mort est manifestement «le dernier grand ennemi à vaincre» comme disait justement saint Paul dans l'une de ses Épîtres. Elle menace effectivement tout ce qui nous tient le plus à cœur: notre identité, position sociale et sensibilité humaine (l'ensemble de nos impulsions, désirs, émotions et pensées qui constituent ce que nous appelons notre *moi*), nos relations humaines les plus proches, les plus intimes et les plus importantes (car toute personne, mère, père, mari, épouse, enfant, ami ou maître finira par mourir un jour, à un moment ou à un autre!) ainsi que toutes nos possessions matérielles et tout ce pour quoi nous avons tant travaillé, sacrifié et fait d'efforts dans ce monde. Tant que nous sommes identifiés ou attachés à ces personnes ou à ces biens qui constituent notre identité humaine, nous demeurons très vulnérables à la mort ... qui peut tout nous ravir en *un clin d'œil*! Se détacher, même lentement de cette identité humaine n'est pas facile car ce monde semble manœuvrer pour en resserrer les liens : de la société à notre famille, de notre travail et rôle social à notre propre psyché, sans parler de toutes nos possessions telles que notre maison, notre compte en banque, nos habits, voiture(s), etc.

Ce n'est pas sans raison que les psychologues et les psychothérapeutes modernes concluent que la mort est la source la plus profonde, autant au niveau inconscient que conscient, de toutes nos peurs, craintes, anxiétés et angoisses ... le grand et l'ultime ennemi de l'être humain, comme disait saint Paul. Vaincre cet ennemi non seulement au niveau intellectuel mais aussi et surtout au niveau émotif et existentiel représente la conquête personnelle sublime et la *résurrection* au niveau de notre identité. C'est une victoire qui peut en même temps nous affranchir du plus grand obstacle humain et nous permettre de récupérer beaucoup de vitalité et d'énergies psychiques que nous investissons dans des peurs, des craintes, des anxiétés et angoisses face à cette idée de la mort.

Ma thèse, qui rejoint d'ailleurs celle de la Tradition est, du point de vue ou de la perspective de l'âme, une grande *bénédiction*, une de nos plus grandes *amies* et *Don du Ciel*. Plusieurs raisons sont intéressantes à développer. En tout premier, je suis persuadé que deux éléments importants rendent notre vie humaine tolérable même dans des situations atroces: l'amour et la mort. Freud et plusieurs autres psychothérapeutes affirment qu'ils sont en relation étroite et directe. Le Coran précise: «ceci aussi passera», c'est-à-dire que toute joie et toute satisfaction comme toute douleur et toute souffrance sont temporaires et ne durent pas éternellement! Lorsque nous souffrons et vivons une situation impossible, le plus grand encouragement, celui qui peut nous permettre de tenir bon et de ne pas sombrer dans le désespoir est justement de savoir qu'une limite existe aux souffrances et à la douleur. Il s'agit donc d'avoir la foi et la force de persévérer encore un peu, de tenir ferme durant quelques jours, quelques semaines, quelques mois ou peut-être quelques années au maximum, et ce, nous sommes capables de le faire, suivant la promesse évangélique: «Nul ne sera éprouvé au-delà de ses forces». Si notre misérable condition était éternelle, même les plus forts et les plus courageux abdiqueraient et se laisseraient gagner par le désespoir. La mort est donc une grande amie ou alliée qui nous donne la force de traverser des épreuves et des souffrances, sachant que tôt ou tard, elle nous en délivrera! Sans la mort, dans une telle situation, quiconque serait justifié de se laisser aller au découragement le plus profond et au désespoir le plus noir. La mort met donc un terme, une fin à nos épreuves, à nos souffrances, à notre fatigue, à notre vieillesse ...

Une de mes bonnes amies a été atteinte du cancer, à une certaine période de sa vie. Sa mère, qui avait souffert du même mal, environ au même âge qu'elle, n'avait plus voulu ou n'avait pu supporter les douleurs et la dégénérescence physique et psychique qui l'attendaient; elle s'était suicidée. Quand mon amie s'aperçut, à un certain stade de sa maladie, que la médecine officielle était dorénavant impuissante pour elle, elle me dit ne plus vouloir vivre de cette façon et que si je l'aimais vraiment, je devais l'aider à aller dans l'autre monde, même si c'était à l'encontre de mes principes! Devant ce dilemme sans issue, je répondis que je voulais bien l'aider ... que je ne savais trop de quelle façon ... qu'un ami médecin et psychiatre était beaucoup plus expérimenté que moi et qu'il pourrait lui apporter une aide très précieuse. Je le mis au courant de la situation et son approche fut extrêmement simple: il expliqua à mon amie qu'elle avait déjà beaucoup souffert, qu'il ne lui restait qu'un «tout petit bout de chemin» à parcourir avant d'être définitivement libérée de son cancer, que cela valait la peine de tenir jusqu'au bout! Pour soulager ses douleurs physiques, il augmenta la dose et la fréquence de la morphine, ce qui donna les résultats escomptés. Mon amie traversa cette crise et vécut encore quelques mois. Lorsque sa dernière heure arriva, elle mourut consciemment et sereinement, ayant la conscience d'avoir réussi sa *grande épreuve* et d'avoir évité le piège dans lequel sa mère était tombée. Cet exemple, qui peut s'appliquer à de nombreuses personnes et situations, illustre que le grand *remède* fut simplement d'affirmer ... que la mort n'allait pas tarder à venir! Si la mort n'existait pas, quelle aurait été l'issue d'une telle situation? Je laisse la réponse à votre discrétion!

La mort peut rendre tolérable et acceptable ce qui ne le serait pas autrement, en fixant une limite temporelle à toute expérience humaine. Elle nous permet, et cela n'a pas de prix, de mettre fin à un grand cycle de notre existence pour pouvoir renaître et en recommencer un nouveau. Comme l'a démontré d'une façon magistrale le Dr. Jacques Pezé dans le livre que nous avons écrit: *L'Alternance instinctive*, il est nocif pour tout être humain de prolonger une activité de façon indue (sans alternances importantes et structurées) et ce qui *recharge* vraiment n'est pas de *ne rien faire* mais de s'occuper à une activité contraire à celle que nous faisions. Or, la mort est une alternance décisive qui joue un rôle fondamental dans notre existence humaine.

Les traditions spirituelles comparent notre corps physique (et nos autres corps énergétiques) à des habits que porte le Soi pour se manifester et créer dans les autres mondes de la matière. Nous connaissons tous la volupté d'étrenner un nouvel habit ou d'en changer lorsque le vieux est défraîchi ou que nous sommes las de le porter. Analogiquement, la mort nous permet de porter de nouveaux habits, de nous donner une nouvelle identité (pour notre personnalité) et nous propose de nouvelles opportunités. Elle nous offre donc une occasion sans pareille de recommencer une nouvelle vie, de varier nos expériences et nos conditions dans le monde physique et humain. Nous pouvons repartir à zéro, en oubliant et en pardonnant les erreurs du passé, les gestes posés et les victoires antérieures. Elle nous fait renaître tel un bébé tout rose et tout frais, à la mémoire et à la conscience nettoyée et purifiée. De plus, la mort met un terme et *relativise* toutes les erreurs, les ambitions et les actes de notre personnalité.

Elle sert de frein à une absolutisation de traits, tendances ou aspirations de notre égo. Elle lui évite ainsi de tomber dans le piège de la démesure, véritable visage de l'orgueil.

Je dis à mes étudiants que si le Seigneur a créé ou prévu quelque chose, Il a toujours Ses raisons basées sur une sagesse, une bonté et une vérité qui dépassent ce qu'une pensée humaine non encore illuminée par la grâce peut saisir. Cette vérité concerne aussi la mort, réalité fondamentale de la condition humaine parce qu'en revenant dans ce monde, nous oublions nos incarnations passées et nous buvons «l'eau du Léthé», comme disent les Grecs, «l'eau de l'oubli» du passé pour mieux nous focaliser sur le présent et accomplir la tâche que nous avons choisie dans notre présente incarnation. La mort n'existe que pour notre personnalité qui meurt et renaît de nombreuses fois, mais pas pour notre Esprit ni pour notre âme qui vivent dans l'éternité. En élevant notre niveau de conscience et d'être afin de passer du niveau de la personnalité au niveau de l'âme, nous entrons dans l'immortalité consciente, la grande aspiration et rêve de l'humanité.

Le Dalaï Lama, dans ses conférences et ses enseignements publics, dit que pour bien vivre, pour maîtriser l'art de vivre, il faut savoir bien mourir, c'est-à-dire maîtriser (au niveau de la personnalité) nos peurs et nos craintes instinctives, conscientes et inconscientes, face à la mort; que pour bien vivre, il faut surtout donner une réponse satisfaisante à la grande question de notre identité, de nos origines, de notre destin et de notre mission. Il faut aussi posséder quelques notions sur le début et la fin de ses cycles: la vie complète d'un être humain est composée de 7 cycles de 12 ans, soit 84 ans. Lorsque l'on a bien vécu, que l'on a donné le meilleur de soi-même, que l'on a développé au maximum ses facultés et potentialités, que l'on a vécu la gamme des expériences humaines que l'on avait choisies et surtout, lorsque l'on a fait son devoir jusqu'au bout, la mort peut être notre plus grande amie, une merveilleuse bénédiction et récompense au terme de notre route terrestre.

À l'occasion d'un déjeuner avec des
sommités médicales de la Ville Lumière, on
m'a raconté le fait suivant. Jacques Levi
Moreno, le père du psychodrame moderne,
homme intelligent et très productif, a vécu,
à l'âge de 84 ans, un effondrement physique et psychologique. Ne pouvant plus
être égal à lui-même et poursuivre ses activités qui étaient ses raisons de vivre, il s'est
interrogé sur le sens qu'il donnerait à sa vie
dorénavant. Profondément croyant, il ne
pouvait envisager de s'enlever la vie et refu-
sait de vivre *diminué*. Il a donc fait des recherches médicales et anthropologiques
afin de trouver un moyen de libérer son
âme de son corps et de faciliter son passage
dans la dimension spirituelle. Il se rendit
rapidement compte que la plupart des malades en phase terminale, avant de mourir,
diminuaient la portion de nourriture et de
boisson qu'ils consommaient, tout en res-
pectant le minimum vital (autrement cela
aurait été un suicide). Il apprit aussi que
dans les cultures soi-disant primitives
ou traditionnelles, les Anciens, avant de
mourir, agissaient exactement de la même
façon! Il décida d'en faire lui-même l'expérience et 18 jours après, il quittait ce monde

en paix avec lui-même et avec l'univers, après une vie riche et exaltante! Par ailleurs, avant de débuter cette expérience, il avait découvert que l'enseignement des traditions spirituelles estimait le cycle complet de la vie humaine à 84 ans ... qu'il venait d'atteindre ...

Partie pratique

Il serait bon de revoir les points essentiels de ce chapitre, d'en faire une synthèse, de méditer sur la signification qu'ils ont pour vous actuellement dans votre vie. Vous pouvez le faire par écrit (pour concrétiser vos idées et vos conclusions personnelles), l'enregistrer sur une cassette ou dans votre conscience intérieure. Ensuite, répondez aux questions suivantes, en étant le plus honnête et le plus concret possible:

1. Quelle est votre conception actuelle de la mort, que représente-t-elle pour vous?

2. Quelles sont vos attitudes et vos émotions de base par rapport à la mort? Sont-elles positives, négatives ou neutres, à quel niveau de votre être et dans

quelles conditions? Éprouvez-vous des craintes, des angoisses ou des anxiétés face à la mort? à la vôtre et à celle de d'autres personnes?

3. Avez-vous intégré le phénomène de la mortalité humaine dans votre philosophie de la vie et dans votre art de vivre? Si oui, de quelle façon et avec quels résultats?

4. Imaginez que votre médecin, lors d'un contrôle médical, vous annonce que vous êtes atteint d'un cancer, du sida ou d'une autre maladie mortelle. Quelles seraient vos réactions mentales, émotives et existentielles? Comment réagiriez-vous à cette situation? Imaginez le même scénario pour un être qui vous est cher. Quelles seraient alors vos réactions?

5. Êtes-vous capable d'envisager la mort comme étant une malédiction, une ennemie? Si oui, dites pourquoi et comment? Ensuite, êtes-vous capable de l'envisager comme une bénédiction, une amie? Si oui, dites pourquoi et comment.

6. Comment percevez-vous et gérez-vous les paradoxes ou les contradictions dans votre être, dans votre vie et dans le monde? Qu'est-ce qu'un paradoxe? Quelles sont sa nature profonde, sa psychodynamique et sa raison d'être?

7. Il existe deux façons d'aborder les grands problèmes de l'existence humaine: une façon intellectuelle et théorique et une façon expérimentale et existentielle. Ceci s'applique aussi au problème de la mort. Êtes-vous conscient du fait que l'on peut discourir sans fin sur la mort, mais qu'on peut aussi l'approcher d'une façon directe et expérimentale? Les trois méthodes de base pour apprivoiser la mort d'une façon expérimentale sont: l'Initiation, la NDE (*Near death experience*, expérience de la mort clinique) et la OBE (*Outside body experience*, voyages hors du corps). Avez-vous jamais réfléchi sur ce qu'elles peuvent vous offrir et êtes-vous intéressé à en faire une expérience?

8. Lorsqu'une personne vit l'expérience de la mort, savez-vous ce qui se passe

réellement? Connaissez-vous les étapes ou les épreuves que son âme subit? Êtes-vous capable de l'aider d'une façon concrète et efficace? Un jour ou l'autre, nous assistons à la mort d'une personne plus ou moins proche et chère. C'est à ce moment qu'une certaine connaissance de la mort (théorique et/ou expérimentale) peut être d'un grand secours pour cette personne et ses proches.

9. Seriez-vous intéressé et consentant à faire un rêve éveillé, une imagerie guidée du processus de la mort ... que vous vivriez non réellement mais au niveau de l'imagination?

10. Êtes-vous capable d'accepter inconditionnellement la volonté de Dieu pour toute situation, y compris celle de la mort? Pouvez-vous accepter et remercier le Ciel pour l'existence et l'expérience de la mort qui impliquent un grand changement et détachement? Si non, de quelle façon prévoyez-vous acquérir cette acceptation et cette gratitude qui sont la signature de la véritable sagesse et maturité?

Conclusion

*N*ous avons vu, par la philosophie qui se dégage de ce volume, que la Vie n'est pas facile, au contraire, elle devient de plus en plus complexe avec le temps, mais **elle vaut la peine**, surtout si elle est bien vécue!

Pour bien la vivre, trois ingrédients se révèlent indispensables:

- Nourrir notre tête d'espoir et de compréhension,
- Fournir à notre cœur de la motivation et de l'amour.

- Insuffler à notre volonté de la vitalité et de l'énergie.

Une philosophie et un art de vivre, qui veulent répondre aux plus importants défis de notre époque, se doivent de fournir de la compréhension et de l'espoir pour nourrir la dimension mentale-rationnelle. Dans ce livre, nous avons suggéré et présenté quelques intuitions et idées, quelques images et analogies, ainsi que quelques exercices provenant de la Tradition spirituelle, qui peuvent nous aider à réaliser ce grand objectif, d'abord au niveau intellectuel et surtout au niveau existentiel par l'expérience personnelle vécue.

Alors qu'il est utile et profitable de présenter un cadre théorique et une explication rationnelle des mystères de la Vie, de la Mort et de l'Incarnation humaine, il s'avère impossible de partager une expérience directe et personnelle de ces mystères. Il s'agit d'une étape que vous, et vous seulement, pouvez effectuer par votre travail personnel: la transformation de votre être et de votre vie et surtout l'éveil de votre conscience spirituelle.

Voici donc mon souhait le plus sincère : que vous puissiez réaliser ce grand objectif au moment le plus propice pour chacun de vous!